Zone sportive

Marie Turcotte
Rédactrice en chef

Manuela DiGravio
Auteure

gagelearning

National Library of Canada Cataloguing in Publication Data

Main entry under title:
    Zone sportive

(Tout ados 1)
ISBN 0-7715-3757-3

1. French language – Textbooks for second language learners – English speakers.* I. Turcotte, Marie. II. DiGravio, Manuela. III. Series.

PC2129.E5Z66 2001   448.2'421   C2001-930098-0

ISBN 0-7715-**3757-3**
4 5 MP 05 04 03
Écrit, imprimé et relié au Canada

Chargé de projet : Art Coulbeck
Équipe de la rédaction : Chris Anderson, Jane Grigg, Laura Jones, Caroline Kloss, Sandra Manley, Anne Normand, Claire Piché
Directrice du marketing et conseillère pédagogique nationale : Julie Rutledge
Révision linguistique : Doreen Bédard-Bull
Production : Bev Crann, Carrie Theodor

Direction artistique, conception graphique : Pronk&Associates
Couverture : Artbase
Illustrations : p. 6 Dave Whamond; p. 8-11, 14-15, 18-19 Clarence Porter; p. 16 Craig Terlson
Photographies : p. 1, 13, 23 Artbase; p. 2-3, 4, 5 (haut et centre), 8-9, 11, 15 (bas), 19 (haut), 21, 22, 24-25 Ray Boudreau; p. 17 (haut) Ezra Shaw/Allsport; p. 17 (bas), 20 (bas) © Sun Media Corporation; p. 20 (haut) Gerard Julien/CORBIS/Magma

Production sonore : Hara Productions

Le contenu de tous les sites Web auxquels l'adresse www.gagelearning.com donne accès a été soigneusement vérifié. Ces sites et tous autres liens proposés doivent toutefois faire l'objet d'un examen périodique avant d'en transmettre l'adresse aux élèves. Comme les adresses de sites Web changent constamment, il est recommandé que les enseignants utilisent un moteur de recherche pour repérer l'adresse d'un site afin d'en vérifier le contenu.

L'Éditeur a tenté de retracer les propriétaires des droits de tout le matériel dont il s'est servi. Il acceptera avec plaisir toute information qui lui permettra de corriger les erreurs de référence ou d'attribution.

Nous reconnaissons l'aide financière du gouvernement du Canada par l'entremise du Programme d'aide au développement de l'industrie de l'édition pour nos activités d'édition.

Nous remercions le gouvernement de l'Ontario du soutien accordé par le biais de l'Initiative pour l'industrie du livre en Ontario de la Société de développement de l'industrie des médias de l'Ontario.

Zone sportive

Dans cette unité, tu vas créer et présenter un jeu vidéo sur les sports extrêmes.

Communication orale

Tu vas...

- parler de tes sports préférés;
- identifier l'équipement de protection pour faire du sport extrême;
- parler des obstacles dans une épreuve sportive;
- décrire ton jeu vidéo dans une présentation orale.

Lecture

Tu vas...

- lire des dialogues;
- lire des résumés d'une épreuve sportive.

Écriture

Tu vas...

- créer une page de catalogue pour un magasin d'articles de sport;
- écrire un paragraphe pour décrire ton jeu vidéo.

En route!

- Quels sports t'intéressent?

- Tu vas au magasin pour acheter un cadeau pour un ou une camarade qui aime les sports. Qu'est-ce que tu vas lui acheter? Pourquoi?

Stratégies

Quand tu lis...

Regarde :

- le titre!
- les photos!
- les mots connus!
- les mots-amis!
- les lettres majuscules!
- la ponctuation!

Vérifie dans le lexique ou dans un dictionnaire!

SPORTIVE

Ludovic : André, regarde ce casque! C'est spécial, n'est-ce pas?

André : Oui, absolument! Tout le monde va te voir quand tu vas porter ce casque!

Caroline : C'est pour faire du surf des neiges?

Ludovic : Oui, mais je n'ai pas de planche. Ça coûte trop cher.

Nicole : Oui, tu as raison. Regarde ces prix!

Caroline : Nicole, tu as besoin d'un gilet de sauvetage?

Nicole : Oui, j'ai besoin d'un gilet pour mes leçons de kayak.

André : Tu vas aussi acheter un kayak?

Nicole : Non. J'ai juste assez d'argent pour cette pagaie, c'est tout!

André : Regardez cette photo! Ce vélo de montagne est beau, n'est-ce pas? J'ai besoin d'un nouveau vélo.

Ludovic : Écoutez! Je vais acheter ce magazine. Puis nous allons pouvoir regarder les photos...

Caroline : Mais on vend aussi des jeux vidéo dans ce magasin. Ludovic, veux-tu aller les voir avec moi?

Ludovic : Absolument! Allons-y!

A À deux, faites un résumé des idées principales de cette conversation.

B En petits groupes, jouez la scène.

Ludovic : Regarde tous ces jeux vidéo. Ils sont sensass! Et il y a aussi des cartes de sports!

Caroline : Moi, je veux collectionner des cartes sur les sports extrêmes!

Ludovic : Ah oui! Il y a le surf des neiges, le vélo de montagne, la planche à roulettes... et le kayak pour toi.

Caroline : Je vais acheter quelques cartes, surtout cette carte sur le kayak. Mais... (*elle regarde le jeu vidéo*) qu'est-ce que c'est?

Le propriétaire : Vous vous intéressez aux jeux vidéo? J'ai beaucoup de jeux différents.

Ludovic : Zone sportive... c'est un jeu où on fait du sport?

Le propriétaire : Exactement. Du surf des neiges, du vélo de montagne et du kayak.

Caroline : Est-ce que nous pouvons essayer ce jeu? On presse sur le bouton? (*Caroline met sa main sur le bouton.*)

Le propriétaire : Mademoiselle, ne touchez pas au bouton rouge!!!

C'est trop tard. Caroline a déjà touché au bouton rouge. On entend un grand bruit. Caroline et Ludovic ont disparu!

NE TOUCHEZ PAS AU BOUTON ROUGE

A Fais l'activité de compréhension à la page 6 de ton cahier.

B En petits groupes, identifiez l'équipement sportif qui ne va pas dans chaque illustration. Puis suggérez l'équipement approprié pour chaque situation en utilisant l'expression *il/elle doit avoir...*

C Crée une page catalogue du magasin Zone sportive. Tu peux inclure des illustrations ou des photos de l'équipement de sport, des jeux vidéo, des cartes de sports, ou d'autres articles. N'oublie pas les prix! Présente ta page à un ou à une partenaire.

Étude de la langue

Les adjectifs démonstratifs

Cet équipement sportif coûte cher.

Tout le monde va te voir quand tu vas porter ce casque!

Qui est cet homme mystérieux?

Je vais acheter quelques cartes, surtout cette carte sur le kayak.

Regarde tous ces jeux vidéo.

- Quels mots est-ce qu'on utilise pour indiquer un objet ou une personne spécifique?
- Combien de formes y a-t-il au masculin singulier? Peux-tu expliquer pourquoi?
- Quelle est la forme de l'adjectif au féminin singulier?
- Quelle est la forme de l'adjectif au pluriel?

A. Remplace le mot en italiques par un adjectif démonstratif (ce, cet, cette, ces).

1. *La* collection de jeux vidéo est fantastique.
2. *Le* magasin est très mystérieux.
3. *L'*homme fait du surf des neiges.
4. *Les* cartes de sports ne coûtent pas cher.
5. On ne peut pas acheter *le* jeu vidéo.

B. En petits groupes, faites une liste d'objets que vous voyez autour de vous. N'oubliez pas d'utiliser les adjectifs démonstratifs (*ce* pupitre, *ce* crayon). Vous avez deux minutes. Puis demandez à un autre groupe de composer des phrases en utilisant les objets de votre liste.

EXEMPLE : L'équipe 1 dit : «Ce crayon.»

L'équipe 2 répond : «Ce crayon est jaune.»

C. En petits groupes, regardez les articles de sport aux pages 2 à 3 de votre livre. Composez des phrases en utilisant *ce, cet, cette, ces*. Par exemple, *Je veux acheter cette pagaie et ce kayak. Mon ami aime ces gants*. Partagez vos phrases avec un autre groupe.

ATTENTION! Pour plus d'informations, va à la page 26.

UN VOYAGE VIRTUEL

En route !

- Aimes-tu jouer aux jeux vidéo? À quels jeux?

- À quoi Caroline a-t-elle touché dans le magasin?

- À ton avis, où sont Caroline et Ludo maintenant?

Stratégies

Quand tu écoutes...

Fais attention :
- au ton de la voix!
- aux mots connus!
- aux mots-amis!

Pense à tes expériences personnelles!

Écoute Xtrêmado, le maître des jeux, expliquer la situation aux jeunes.

1. Où sommes-nous?

2. À ce moment, un homme arrive.

3. Comment pouvons-nous sortir de ce jeu?

Le surf
s neiges

Le vélo de
montagne

Le kayak en
eaux vives

4. Quels sont les obstacles?

A Fais l'activité à la page 11 de ton cahier.

B Imagine que c'est toi dans le jeu et que tu parles à Xtrêmado. Avant de commencer le jeu, tu as des questions à lui poser. À deux, composez les questions. Puis, jouez la scène.

En route!

- Aimes-tu regarder le surf des neiges à la télévision? Pourquoi?

- Fais-tu du surf des neiges? Pourquoi?

- De quel équipement sportif est-ce qu'on a besoin pour faire du surf des neiges?

La première épreuve :
le surf des neiges

Xtrêmado : Alors, la première épreuve est le surf des neiges. Ce n'est pas trop difficile. Qui va commencer? Ludo?

Ludo : Oui, moi, je vais commencer.

Xtrêmado : Ça va. Tu commences ici. Tu vas faire beaucoup de virages.

Ludo : Des virages? Qu'est-ce que c'est?

Xtrêmado : C'est quand on ne descend pas en ligne droite. On doit tourner à gauche ou à droite.

Ludo : Je comprends.

Xtrêmado : Et tu vois ces drapeaux rouges? Il y a un chiffre sur le drapeau. C'est le nombre maximum de secondes qu'il faut prendre pour arriver à ce drapeau. Si tu prends plus de temps, tu perds des points : cinquante points pour chaque seconde. Tu commences avec mille points.

Ludo : Y a-t-il des obstacles?

Xtrêmado : Certainement! C'est un jeu et il y a toujours des obstacles dans un jeu! Tu vois ces arbres? Tu perds deux cents points si tu touches les arbres. Et tu dois faire attention à l'abominable yeti! Tu perds trois cents points si tu déranges cette créature.

Caro : Il y a un yeti? Oh, Ludo, fais attention!

Xtrêmado : Tu vois ce monticule couvert de neige? Si tu arrives trop vite et tu tournes à gauche et non pas à droite...

Ludo : Oh! Je vais quitter la montagne.

Xtrêmado : Oui, et tu vas aussi perdre cent cinquante points! Et fais attention à l'arbre sur la piste vers la fin. Si tu le touches, c'est un autre vingt-cinq points de pénalité. Maintenant, je dois vérifier ton équipement : une planche à neige, un casque, des gants, des lunettes de ski. Tu es prêt. Voilà le point de départ derrière le cordon rouge. Bonne chance!

Caro : Bonne chance, Ludo!

DÉPART

N'oubliez pas votre casque!

Ne quittez pas la piste!

Faites attention! Zone d'avalanches!

Faites attention au yeti!

15

15

10

VÉE

A Qu'est-ce que Ludo doit faire? À ton avis, est-ce que l'épreuve est facile ou difficile? Explique pourquoi.

B Fais les activités de compréhension aux pages 12 et 13 de ton cahier.

C Maintenant écoute Caro décrire l'épreuve de Ludo. Utilise la page 14 de ton cahier pour calculer son pointage.

Étude de la langue

La préposition à

Tu dois faire attention au yeti!

Vous devez participer au jeu.

Vous vous intéressez aux jeux vidéo?

Fais attention à la jeune fille sur la piste!

Je dois faire attention à l'arbre sur la piste vers la fin.

- Quels deux mots est-ce qu'*au* remplace? Et *aux*?
- Pourquoi est-ce que la préposition *à* ne change pas dans les deux dernières phrases?

A. On a beaucoup de plaisir à pratiquer des sports et c'est très bon pour la santé. Mais on peut avoir un accident. Il faut toujours faire attention! En petits groupes, identifiez ce que vous allez dire pour annoncer chaque situation suivante. Utilisez les panneaux de sécurité de la première épreuve comme modèles.

Faites attention au yeti!

1. les autres athlètes
2. les lions
3. la rivière
4. la falaise
5. le monstre
6. la cabane dynamitée
7. le feu
8. le cactus

B. Maintenant, crée des panneaux de sécurité pour illustrer deux des situations ci-dessus.

ATTENTION! Pour plus d'informations, va à la page 26.

Au boulot !

Tu vas maintenant commencer à planifier ton jeu vidéo pour la tâche finale. Tu vas utiliser le graphique à la page 15 de ton cahier pour organiser ton jeu. Voici les catégories du graphique :

- le sport et le nom du jeu;

- l'équipement;

- les endroits où on pratique ce sport et les expressions qu'on associe à ce sport;

- les obstacles.

Tout d'abord, choisis un sport extrême. Puis, donne un nom à ton jeu. Tu peux maintenant choisir l'équipement sportif et noter quelques expressions utiles pour ton sport. Écris ces informations dans ton graphique.

Au cours de l'unité, tu peux retourner à ton graphique et ajouter des obstacles et d'autres détails à ton jeu.

Stratégies

Quand tu planifies un travail...

N'oublie pas de :

- préparer un plan!

- organiser tes idées!

- choisir le vocabulaire approprié!

- déterminer si les noms sont masculins ou féminins!

- changer des éléments de ton plan si c'est nécessaire!

- vérifier dans le lexique ou dans un dictionnaire!

13

les lions

la falaise

100

DÉPART

En route !

- As-tu un vélo de montagne?

- Où est-ce qu'on peut faire du vélo de montagne dans ta région?

- À ton avis, qu'est-ce qui est le plus important dans une épreuve de vélo de montagne : la vitesse ou les obstacles?

- Écoute Xtrêmado expliquer la deuxième épreuve à nos amis. Fais l'activité de compréhension à la page 16 de ton cahier.

La deuxième épreuve :

le vélo de montagne

« Caro entre dans le tunnel. Quelques secondes plus tard, elle sort du tunnel. Elle tourne à droite. Va-t-elle tomber dans le feu? Non, elle fait un virage.

Elle descend l'escalier de roches. Oh là là! Elle va trop vite. Elle va tomber dans le lac! Le monstre l'attend! Non, elle tourne à droite et elle va vers l'ouest! Elle encercle le lac! Bravo, Caro!

Maintenant, elle doit passer autour des buissons. Oh non! Caro tombe dans les buissons! Mais elle se reprend, et continue. Ensuite, elle grimpe sur les rochers. Parfait, elle ne tombe pas cette fois!

Maintenant, où est Caro? Ah, la voilà! Elle sort de la forêt! Elle fait un virage à droite, vers l'ouest, mais elle tombe encore! Oh! Les lions l'attendent!

Caro remonte sur son vélo et pédale très vite. Elle passe devant les lions. Mais elle va très vite! Elle s'approche de la falaise! Tourne, Caro, tourne! Elle tourne à gauche, bravo!

Elle fait un petit virage autour de la cabane dynamitée! Quelques secondes de plus et elle est à l'arrivée!

Quatorze minutes! Sensass, Caro! »

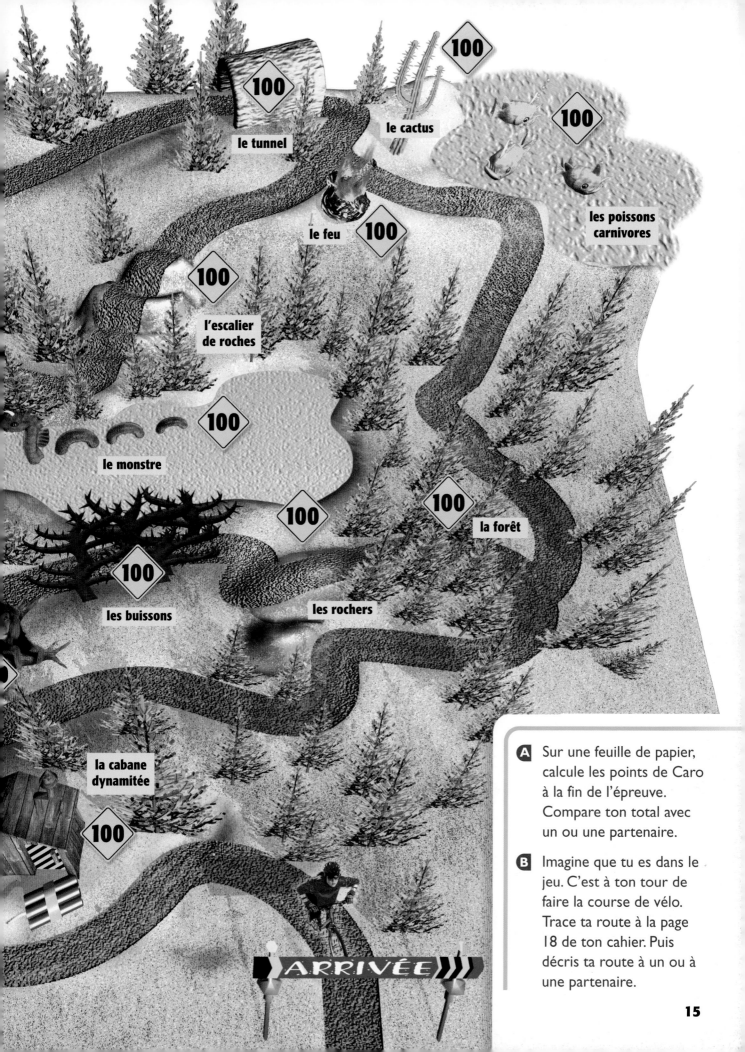

le tunnel

100

le cactus

100

100

les poissons
carnivores

le feu   100

100

l'escalier
de roches

100

le monstre

100

100

la forêt

100

les buissons

les rochers

la cabane
dynamitée

100

ARRIVÉE

A Sur une feuille de papier,
   calcule les points de Caro
   à la fin de l'épreuve.
   Compare ton total avec
   un ou une partenaire.

B Imagine que tu es dans le
   jeu. C'est à ton tour de
   faire la course de vélo.
   Trace ta route à la page
   18 de ton cahier. Puis
   décris ta route à un ou à
   une partenaire.

Étude de la langue

Sortir

Je **sors** du tunnel.

Ils **sortent** des cavernes.

Vous **sortez** de la cabane dynamitée.

Elle **sort** de la forêt.

◗ Quel mot est-ce qu'on utilise après le verbe *sortir*?

◗ Quels deux mots est-ce que *du* remplace? Et *des*?

◗ Pourquoi est-ce que la préposition *de* ne change pas dans les deux dernières phrases?

A. Remplace les mots en italiques par la bonne forme de *sortir de*.

1. Vous *entrez dans* la maison.

2. J'*entre dans* ma chambre.

3. Elle *entre dans* le désert.

4. Mes amis *entrent dans* le magasin.

5. Ludo *entre dans* la forêt.

B. À deux, regardez l'illustration.
Composez autant de phrases que possible en utilisant l'expression *sortir de*.

ATTENTION ! Pour plus d'informations, va à la page 26.

Les cartes de sports

Le surf des neiges

En 1963, Tom Sims, un élève de huitième année dans une école du New Jersey, crée la première planche à neige. C'est un projet pour sa classe de menuiserie! Un peu plus tard, un autre Américain attache deux skis ensemble. Il appelle son invention le *snurfer*. On vend le *snurfer* 19,95 $. La première compétition du surf des neiges a lieu aux États-Unis en 1968. Le sport combine des techniques utilisées dans le surf, la planche à roulettes et le ski. En 1998, le surf des neiges devient un sport officiel des Jeux olympiques, et c'est Ross Rebagliati, un Canadien, qui gagne la première médaille d'or.

Alison Sydor

Le vélo de montagne

Nom : Alison Sydor

Lieu et date de naissance : Edmonton (Alberta), le 9 septembre 1966

Sport : le vélo de montagne

Alison commence sa carrière en vélo dans les compétitions sur route. Elle gagne le championnat canadien quatre fois. En 1991, elle représente le Canada aux championnats du monde. Elle est la première Canadienne à gagner une médaille à ces championnats. C'est alors qu'elle décide de faire du vélo de montagne.

Distinctions :

- championne mondiale en 1994, 1995 et 1996
- médaille d'argent aux Jeux olympiques, à Atlanta en 1996
- deuxième place au championnat mondial : en 1999 et en 2000

- À ton avis, quelle activité est la plus dangereuse : le surf des neiges, le vélo de montagne ou le kayak en eaux vives? Donne une raison pour ton choix.

- Quel équipement est essentiel pour faire du kayak?

La troisième épreuve :

le kayak en eaux vives

des poteaux

une pieuvre

ARRIV

« Maintenant, la dernière épreuve. Et vous pouvez sortir du jeu. Vous allez chacun faire du kayak en eaux vives. Vous devez faire attention aux obstacles dans l'eau, parce que ce sport est dangereux. Vous devez porter un casque et un gilet de sauvetage.

Vous allez rencontrer les obstacles suivants :

- un bateau de pirates naufragé;

- une petite île;

- de gros rochers;

- une chute;

- un ours qui pêche;

- des poteaux;

- une pieuvre;

- une dame et son chien en bateau;

- un arbre tombé sur la route.

Vous commencez avec mille points. Vous perdez cinquante points si vous touchez un obstacle. Les saumons qui sautent portent des drapeaux pour encourager les kayakistes. Maintenant le jeu commence! »

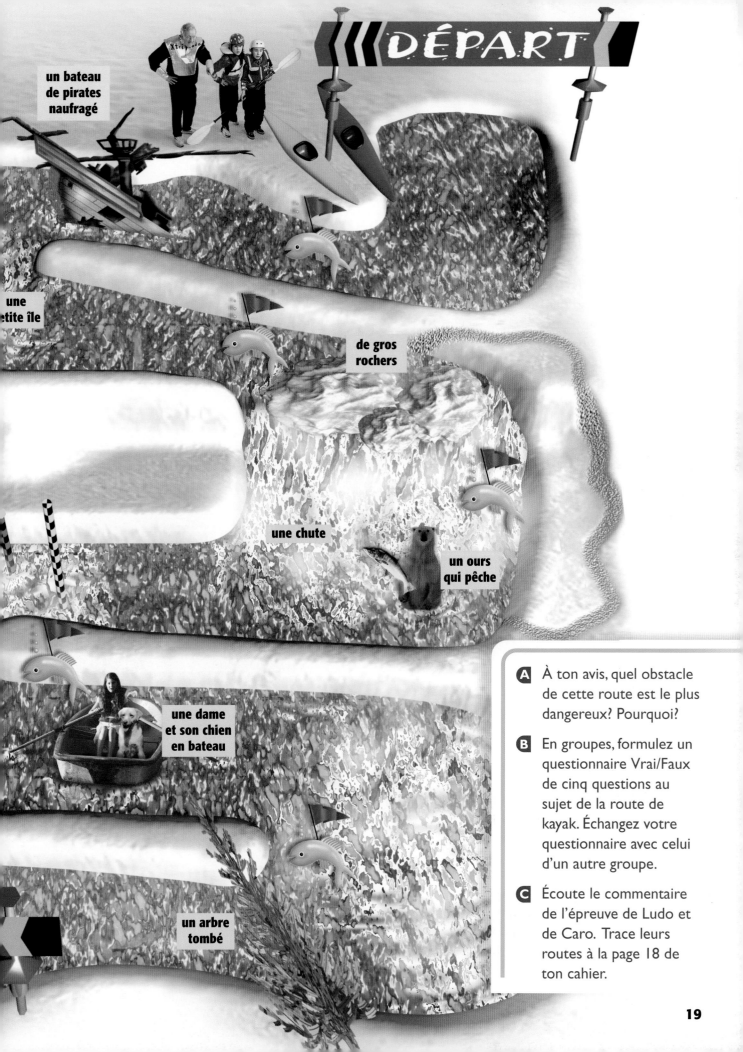

un bateau
de pirates
naufragé

une
petite île

de gros
rochers

une chute

un ours
qui pêche

une dame
et son chien
en bateau

un arbre
tombé

DÉPART

A À ton avis, quel obstacle de cette route est le plus dangereux? Pourquoi?

B En groupes, formulez un questionnaire Vrai/Faux de cinq questions au sujet de la route de kayak. Échangez votre questionnaire avec celui d'un autre groupe.

C Écoute le commentaire de l'épreuve de Ludo et de Caro. Trace leurs routes à la page 18 de ton cahier.

Une kayakiste canadienne
Caroline Brunet

Caroline Brunet vient de Lac-Beauport au Québec. Elle fait du kayak depuis longtemps. À l'âge de 13 ans, elle gagne sa première course à Lac-Beauport. Pendant les années 90, elle gagne une médaille d'or au championnat mondial huit fois sur neuf. Elle participe aux Jeux olympiques pour la première fois en 1988. Elle gagne une médaille d'argent à Atlanta en 1996 et encore une fois à Sydney en 2000. Son plus grand désir est de gagner une médaille d'or aux Jeux olympiques. Elle veut être championne mondiale du kayak.

Au boulot !

A Tu vas continuer à créer ton jeu vidéo. Retourne au graphique de ton jeu à la page 15 de ton cahier. Veux-tu ajouter autre chose? Est-ce que ton plan d'organisation te satisfait?

B Maintenant, crée un plan de la route.

- Tu dois inclure au moins trois obstacles.
- Indique le temps nécessaire pour arriver à chaque obstacle.
- Ajoute des panneaux de sécurité.
- Illustre ton plan.
- Décris ton plan à un ou à une partenaire.

Ce plan va former une partie de ta tâche finale.

C Tu dois aussi composer un petit paragraphe que tu vas mettre sur ta boîte vidéo. Utilise ton graphique et les questions suivantes pour t'aider. Regarde le modèle ci-dessous.

- Comment s'appellent les personnages?
- Quel sport pratiquent-ils?
- Quel équipement ont-ils?
- Identifie les obstacles.

Stratégies

Quand tu écris...

Organise ton travail!

Utilise :

- des ressources!
- un modèle!

Fais :

- ton brouillon!
- tes corrections!
- ta copie finale!

Vérifie dans le lexique ou dans un dictionnaire!

Extrême limite

Dynamo et Electra font du surf des neiges sur le fameux Mont Danger. Ils vont utiliser une planche à neige, un casque, des lunettes de protection et des gants. Les deux personnages vont rencontrer des obstacles abominables : un ours polaire et son petit, une avalanche terrifiante et un arbre géant!

La réalité... enfin!

Ludovic : Quel jeu superbe!

Caroline : Oui, c'est très réel!

Ludovic : Caro, tes cheveux sont mouillés. Voyons! Pourquoi est-ce qu'on porte ces gilets de sauvetage? Qu'est-ce qui se passe?

Caroline : Ludo, regarde! Tu connais ce monsieur?

Ludovic : Non... oui... je pense que c'est... Non! Non, ce n'est pas possible!

Caroline : Non, moi non plus, je ne le connais pas. On a l'imagination fertile, n'est-ce pas?

Ludovic : Oui, tu as raison! Allons! Il faut rentrer à la maison.

A Caroline et Ludovic ont complété les trois épreuves. Comment le sais-tu?

B Quelle épreuve préfères-tu? Pourquoi?

Mon jeu vidéo sur les sports extrêmes

Version orale

Maintenant tu vas présenter ton jeu vidéo à la classe. Pour t'aider, regarde les stratégies de présentation à la page suivante. Quelles aides visuelles peux-tu utiliser dans ta présentation?

Aides visuelles :
- le graphique de ton jeu
- ta route avec des obstacles
- une boîte vidéo illustrée
- de l'équipement sportif

Version écrite

Ton jeu vidéo contient les parties suivantes :

- le nom du jeu et une illustration sur un côté de la boîte du jeu vidéo;

- une description du jeu au verso;

- le plan de ta route avec des obstacles.

Relis les éléments écrits. Demande à ton ou à ta partenaire de lire ces éléments. Est-ce que ton ami(e) comprend tes idées? Veux-tu changer ou ajouter quelque chose?

Remets la version écrite de ton jeu vidéo à ton prof.

Visha présente

Écoute Visha présenter son jeu vidéo à la classe. Fais l'activité de compréhension à la page 25 de ton cahier.

Quand tu fais une présentation...

Regarde tes camarades de classe!

Parle :

- fort!
- clairement!
- de façon expressive!

Change le ton de ta voix!

Ne parle pas trop vite!

Ajoute des actions et des gestes!

Utilise des aides visuelles!

Les participants
des patineurs

L'endroit
sur la glace

mon jeu:
VITESSE
ARTISTIQUE

Les obstacles
un rocher
une longue planche
un ours qui danse

L'équipemen
des patins
un casque
des protège-g
un parachute

La musique

son jeu vidéo

Fais attention à l'ours

Départ

30

40

Arrivée

90

Étude de la langue

Les adjectifs démonstratifs

Ces mots indiquent une personne ou un objet spécifique.

Il faut faire accorder l'adjectif avec le nom.

Masculin singulier	Féminin singulier	Pluriel
ce jeu vidéo	**cette** carte	**ces** jeux vidéo
		ces cartes
***cet** homme		**ces** hommes

*Devant un nom masculin qui commence par une voyelle ou un h muet, on utilise *cet* au lieu de *ce*.

La préposition à

Fais attention **au** yeti.   Fais attention **à** l'arbre.*

Fais attention **aux** obstacles.   Fais attention **à** la falaise.*

à + le = **au**

à + les = **aux**

* **à l'** et **à la** ne changent pas

Le verbe sortir

Le verbe *sortir* est le contraire du verbe *entrer*. Après le verbe *sortir*, on utilise la préposition *de*.

Exemple : Ludo entre dans le tunnel. Oh, le voilà! Il **sort du** tunnel.

je sors	nous sortons
tu sors	vous sortez
il sort	ils sortent
elle sort	elles sortent

À la forme négative : Il **ne sort pas** du tunnel.

Les stratégies

Quand tu lis...

Regarde :

- le titre!
- les photos!
- les mots connus!
- les mots-amis!
- les lettres majuscules!
- la ponctuation!

Vérifie dans le lexique ou dans un dictionnaire!

Quand tu écoutes...

Fais attention :

- au ton de la voix!
- aux mots connus!
- aux mots-amis!

Pense à tes expériences personnelles!

Quand tu planifies un travail...

N'oublie pas de :

- préparer un plan!
- organiser tes idées!
- choisir le vocabulaire approprié!
- déterminer si les noms sont masculins ou féminins!
- changer des éléments de ton plan si c'est nécessaire!
- vérifier dans le lexique ou dans un dictionnaire!

Quand tu écris...

Organise ton travail!

Utilise :

- des ressources!
- un modèle!

Fais :

- ton brouillon!
- tes corrections!
- ta copie finale!

Vérifie dans le lexique ou dans un dictionnaire!

Quand tu fais une présentation...

Regarde tes camarades de classe!

Parle :

- fort!
- clairement!
- de façon expressive!

Change le ton de ta voix!

Ne parle pas trop vite!

Ajoute des actions et des gestes!

Utilise des aides visuelles!

Quand tu participes à une activité de groupe...

Parle :

- français!
- à voix basse!

Suis les directives de ton prof!

Écoute les idées de tes copains!

Aide et encourage tes copains!

Concentre sur la tâche!

Finis ton travail à temps!

Lexique

A

ajouter *v.* to add

s'approcher de *v.* to come near

l' **arrivée** *n.f.* finish line

attendre *v.* to wait for

autour de *adv.* around; **autour des buissons** around the bushes

une **avalanche** *n.f.* avalanche

avoir : avoir besoin de *expr.* to need; **avoir raison** *expr.* to be right

B

un **bruit** *n.m.* noise

les **buissons** *n.m.pl.* bushes

C

une **cabane** *n.f.* cabin; **une cabane dynamitée** cabin rigged with dynamite

une **carte** *n.f.* card; **les cartes de sports** *n.f.pl.* sports cards

un **casque** *n.m.* helmet

le **championnat** *n.m.* championship; **le championnat mondial** world championship

un **chiffre** *n.m.* number

une **chute** *n.f.* waterfall

une **compétition sur route** *n.f.* road race

connaître *v.* to know; **tu connais ce monsieur** you know this man

un **cordon** *n.m.* ribbon, cord

coûter *v.* to cost; **coûter cher** to cost a lot

D

le **départ** *n.m.* start (of a race)

déranger *v.* to disturb

descendre *v.* to go down

devenir *v.* to become

disparaître *v.* disappear, vanish; **ils ont disparu** they disappeared

un **drapeau** *n.m.* flag

droite : à droite *expr.* to the right

droit, droite *adj.* straight

E

l' **eau** *n.f.* water; **le kayak en eaux vives** (sport) white-water kayaking

une **épreuve** *n.f.* event; **une épreuve sportive** sporting event

l' **équipement** *n.m.* equipment

un **escalier** *n.m.* steps; **un escalier de roches** steps made of rocks

essayer *v.* to try

F

une **falaise** *n.f.* cliff

un **feu** *n.m.* fire

G

gagner *v.* to win

les **gants** *n.m.pl.* gloves

gauche : à gauche *expr.* to the left

un **gilet de sauvetage** *n.m.* life jacket

un **graphique** *n.m.* graphic organizer, chart

grimper *v.* to climb

I

une **île** *n.f.* island

J

un **jeu vidéo** *n.m.* video game

juste assez *expr.* just enough

L

une **leçon** *n.f.* lesson

M

le **maître** *n.m.* master

une **médaille** *n.f.* medal; **une médaille d'or** gold medal; **une médaille d'argent** silver medal

la **menuiserie** *n.f.* woodworking

mille *adj.* one thousand

un **monticule** *n.m.* mound

mouillé, mouillée *adj.* wet

N

naufragé, naufragée *adj.* shipwrecked

O

oublier *v.* to forget

un **ours** *n.m.* bear

P

une **pagaie** *n.f.* kayak paddle

un **panneau** *n.m.* signpost; **des panneaux de sécurité** safety signposts

des **patins à roues alignées** *n.m.pl.* inline skates

pêcher *v.* to fish

perdre *v.* to lose

un **personnage** *n.m.* character, player

une **pieuvre** *n.f.* octopus

une **piste** *n.f.* trail

une **planche à neige** *n.f.* snowboard; **une planche à roulettes** *n.f.* skateboard

planifier *v.* to plan

le **pointage** *n.m.* point count

un **poisson carnivore** *n.m.* man-eating fish

porter *v.* to wear

un **poteau** *n.m.* pole

presser *v.* to push

un **prix** *n.m.* price

un **propriétaire** *n.m.* owner

Q

quitter *v.* leave

R

relire *v.* to read again

remonter *v.* to get back on

rentrer *v.* to go back home

se reprendre *v.* to start again

une **rivière** *n.f.* river

les **rochers** *n.m.pl.* boulders

S

sauter *v.* to jump

sensass *adj.* fantastic, terrific

sortir de *v.* to leave, to exit

le **surf des neiges** *n.m.* snowboarding

T

tomber *v.* to fall; **tombé** fallen

tout d'abord *expr.* firstly, at first

V

un **vélo de montagne** *n.m.* mountain bike

vérifier *v.* to check, to verify

verso : au verso *expr.* on the back

un **virage** *n.m.* turn

vite *adv.* fast

voir *v.* to see; **vous voyez** you see